# *QUI EST LE SAINT-ESPRIT?*

Une présentation de la Personne la moins
comprise dans la Bible

- ❖ *QUI EST LE SAINT-ESPRIT?*
- ❖ *SERVITEUR MODESTE, FEU DEVORANT*
- ❖ *L'ESPRIT SAINT: ETERNEL, OMNISCIENT, OMNIPRESENT*
- ❖ *l'ESPRIT DE VERITE*
- ❖ *LES DONS DU SAINT-ESPRIT*
- ❖ *LE FRUIT DE L'ESPRIT*

**DEREK PRINCE**

ISBN 978-1-78263-137-8
Originally published in English as six teaching letters "Who Is The Holy Spirit?", "Eternel, Omniscient, Omnipresent", "Self-effacing Servant, Consuming Fire", "The Spirit of Truth", "The Gifts of the Spirit" and "The Fruit of the Spirit". French translation published by permission of Derek Prince Ministries International USA, P.O. Box 19501, Charlotte, North Carolina 28219-9501, USA.

Traduit par Ingrid Vigoda et Sylviane Douillot.
Sauf autre indication, les citations bibliques de cette publication sont tirées de la traduction Louis Segond "Nouvelle Edition".
Publié par Derek Prince Ministries France, année 2000.
Dépôt légal: 2e trimestre 2000.
Dépôt légal: 2e impression, 3e trimestre 2002.
Dépôt légal: 3e impression, 1er trimestre 2006.
Imprimé en France

**Pour tout renseignement:**

**DEREK PRINCE** MINISTRIES FRANCE
Route d'Oupia, B.P.31, 34210 Olonzac FRANCE
tél. (33) 04 68 91 38 72 fax (33) 04 68 91 38 63
E-mail: info@derekprince.fr * www.derekprince.fr

# BUREAUX DE DEREK PRINCE MINISTRIES

Derek Prince Ministries International/USA
P.O. Box 19501
Charlotte, NC 28219-9501 Etats-Unis

tél. (1)-704-357-3556
fax (1)-704-357-3502

Derek Prince Ministries Angleterre
Kingsfield
Hadrian way
Baldock SG7 6AN Angleterre
tél. (44)-1462-492100
fax (44)-1462-492102

Derek Prince Ministries Afrique du Sud
P.O. Box 33367
Glenstantia 0010 Pretoria
Afrique du Sud
tél. (27)-12-348-9537
fax (27)-12-348-9538

Derek Prince Ministries Australie
1st floor, 134 Pendle Way
Pendle Hill
New South Wales 2145
Australie
tél. (61)-2-9688-4488
fax (61)-2-9688-4848

Derek Prince Ministries Allemagne
Schwarzauer Str. 56
D-83308 Trostberg
Allemagne
tél. (49)-8621-64146 - fax (49)-8621-64147

Derek Prince Ministries (IBL) – Suisse
Alpenblickstr. 8
CH-8934 Knonau Suisse
Tél: (41) 44 768 25 06
Email: dpm-ch@ibl-dpm.net
E-mail: Sverre@derekprince.no
tél. (41) 62 892 46 76
fax: (41) 62 892 46 77

Derek Prince Ministries Canada
P.O. Box 8354
Halifax N.S. Canada
B3K 5M1
tél. (1)-902 443-9577
fax (1)-902 443-9577

Derek Prince Ministries
Pays-Bas/EE/CIS
Edisonstraat 103
7006 RB Doetinchem
Pays-Bas
Phone: 0251-238771
    fax (44)-1582-766777

Derek Prince Ministries
Pacific du Sud
224 Cashel Street
P.O. Box 2029
Christchurch 8000
Nouvelle Zélande
tél. (64)-3-366-4443
fax (64)-3-366-1569

Derek Prince Publ. Pte Ltd
P. O. Box 2046
Robinson Road Post Office
Singapore, 904046
République de Singapour
tél. (65)-392-1812
fax (65)-392-1823

DPM – NORVEGE
PB 129 – Loddefjord
5881 Bergen NORVEGE
Tél: 47-5593-4322
Fax: 47-5593-4322

# QUI EST LE SAINT ESPRIT?

La Bible contient une révélation surnaturellement inspirée de Dieu. Mais Dieu est "tout autre" que nous le sommes, si bien qu'il faut parfois ajuster ou étendre les formes habituelles de discours afin de communiquer la révélation de Dieu contenue dans la Bible.

En Dieu se combinent éternellement à la fois l'unicité et la pluralité. Nous sommes confrontés à ce mystère dès les premiers versets bibliques: "Au commencement Dieu créa le ciel et la terre." Genèse1:1. Dans la langue originale qui est l'hébreu, "Elohim", le nom de Dieu est au pluriel, mais le verbe "bara" (créa) est au singulier. En d'autres termes, l'unicité et la pluralité sont à la fois combinées dans ce verset.

En Genèse1:26, nous sommes confrontés à nouveau avec un singulier et un pluriel ensemble lorsqu'il est question de Dieu: "Alors Dieu **dit**: Faisons l'homme à **notre** image selon **notre** ressemblance..." Le verbe "dit" est au singulier, mais l'adjectif possessif "notre" est au pluriel.

Cette combinaison du singulier et du pluriel lorsqu'il est question de Dieu se retrouve dans d'autres passages de l'Ecriture. Le prophète Esaïe eut une vision du Seigneur sur son trône et il l'entendit dire: "Qui enverrai-**je** et qui marchera pour **nous**?" (Esaïe 6:8) Le pronom personnel "je" indique qu'une seule personne parle, mais le pronom "nous" indique qu'il parle en faveur de plusieurs personnes.

Lorsque l'on avance dans la révélation de l'Ecriture, trois

personnes distinctes se précisent, chacune étant Dieu: Dieu le Père, Dieu le Fils, Dieu l'Esprit. Des trois, la première personne mentionnée individuellement dans l'Ecriture est l'Esprit: "Et l'Esprit de Dieu se mouvait au-dessus des eaux." (Genèse1:2)

## LA "PARABOLE" DE LA LUMIERE

Nous ne pouvons "expliquer" Dieu, mais dans le monde qu'il a créé, il nous fournit quelques "paraboles" qui le révèlent. L'une d'elles est la **lumière**. La lumière fait partie de la vie de tous les jours et nous n'y prêtons guère grande attention. Pourtant, dans ce phénomène unique, nous discernons la pluralité sous au moins deux formes.

La lumière est réfractée dans les **trois** couleurs primaires: le bleu, le jaune et le rouge. Dans l'arc-en-ciel, la lumière apparaît en **sept** couleurs: le violet, l'indigo, le bleu, le vert, le jaune, l'orange et le rouge. Ainsi dans l'unicité de la lumière, il y a la **trinité** des couleurs primaires et l'éventail des **sept** couleurs de l'arc-en-ciel.

Dans l'Ecriture, sept est le chiffre associé avec l'Esprit saint. L'Apocalypse de Jean (4:5) parle des "**sept** Esprits de Dieu". Dans Esaïe 11:1-2 le prophète annonce comment le Saint-Esprit reposera sur Jésus en tant que Messie (le Oint). Il dresse une liste de sept aspects distincts de l'Esprit saint: l'Esprit du **Seigneur** (l'Esprit qui parle à la première personne en tant que Dieu), l'Esprit de **sagesse**, l'Esprit d'**intelligence**, l'Esprit de

**conseil**, l'Esprit de **vaillance**, l'Esprit de **connaissance**, l'Esprit de **crainte de l'Eternel**.

Il est intéressant de noter que - même en Jésus - la connaissance est équilibrée par la crainte de l'Eternel. Autrement, la connaissance seule peut devenir une source d'orgueil. "La connaissance enorgueillit" (1 Corinthiens 8:1). Elle rend arrogant.

Dans Actes 13:2, le Saint-Esprit est présenté comme étant Dieu lui-même. S'adressant aux responsables de l'église d'Antioche, le Saint-Esprit dit: "Mettez-moi à part Barnabas et Saul pour l'œuvre à laquelle je les ai appelés." On voit clairement l'Esprit saint parler ici à la première personne en tant que Dieu.

## L'IMPLICATION COMPLETE DE DIEU DANS LA REDEMPTION DE L'HOMME

Peut-être que la suprême révélation de la grâce de Dieu se trouve dans son plan de rédemption pour la race humaine déchue, et cela au travers du sacrifice de Jésus. En étudiant les détails de ce plan divin, je fis une découverte étonnante: à chaque étape de la rédemption, chaque personne de la divinité joue un rôle unique et distinct, comme je vous le montre à présent:

1. **La conception de Jésus**: Dieu le Père permit que Jésus soit conçu dans le sein de Marie par le Saint-Esprit. Voir Luc 1:35.

2. **Le commencement du ministère de Jésus**: Lorsque Jésus se soumit au baptême de Jean, le Saint-Esprit

descendit sur lui sous la forme d'une colombe et le Père le reconnut comme son Fils. Voir Luc 3:21-22.

3. **Le ministère de Jésus:** Pierre le résume ainsi dans Actes 10:38 "Dieu (le Père) a oint d'Esprit saint et de puissance Jésus de Nazareth qui allait de lieu en lieu, en faisant le bien et en guérissant tous ceux qui étaient sous l'oppression du diable."

4. **Le sacrifice de Jésus sur la croix:** "Christ ... par l'Esprit éternel (le Saint-Esprit) s'est offert lui-même sans tache à Dieu (le Père)..." Hébreux 9:14.

5. **La résurrection de Jésus:** Dieu le Père a ressuscité Jésus par la puissance du Saint-Esprit. Voir Romains 1:4 et 8:11.

6. **La Pentecôte:** Elevé à la droite de Dieu le Père, Jésus a reçu de lui le don du Saint-Esprit et il l'a répandu sur ses disciples qui l'attendaient. Actes 2:33.

Le Saint-Esprit prend part de manière distincte et vitale à chaque étape de rédemption. C'est à juste titre qu'il se nomme "l'Esprit de grâce" et "l'Esprit de gloire", la grâce qui mène à la gloire. Hébreux 10:29 et 1 Pierre 4:14.

## A LA FOIS PERSONNEL ET IMPERSONNEL

Il est un autre fait unique concernant le Saint-Esprit qui requiert un effort supplémentaire de notre pouvoir de compréhension: on rencontre dans l'Ecriture le masculin singulier et le neutre pour le nommer.

Le grec est la langue originale du Nouveau Testament tel qu'il nous est parvenu. Or, le grec a trois genres: le masculin, le féminin et le neutre. Grammaticalement, le nom grec pour "esprit", *pneuma* est neutre. Cependant le pronom personnel utilisé pour le nommer est parfois masculin et parfois neutre (mais jamais féminin).

Dans Jean 16:13 par exemple, la règle grammaticale grecque est délibérément mise de côté afin de *souligner* que l'Esprit saint est à la fois une personne et une puissance: "Quand il sera venu, **lui**, l'Esprit de vérité, **il** vous conduira dans toute la vérité."
Tout comme le grec, le français utilise les articles définis "le, la, les". (Certaines langues comme le latin ou le russe n'en ont pas). Dans le Nouveau Testament grec le nom "Saint-Esprit" peut être précédé par l'article défini "le", et parfois cet article n'apparaît pas. En français cela correspondrait à la différence entre "le Saint-Esprit" et "Saint-Esprit".

En français, il est évident qu'on ne peut employer le nom "Saint-Esprit" sans son article "le" devant. Si bien que toutes nos traductions françaises insèrent invariablement "le" devant "Saint-Esprit", même lorsque l'article n'apparaît pas dans le texte grec original. C'est seulement en consultant la version originale que l'on peut se rendre compte si l'article y est ou non.

A travers mes études du Nouveau Testament en grec, je suis parvenu à la conclusion que la présence ou l'absence de l'article "le" précédant "Saint-Esprit" suggère une différence importante. Lorsqu'il n'est pas précédé de l'article, il représente quelque chose d'impersonnel: la vie ou une puissance, une force, une présence ou une influence. Mais lorsqu'il est précédé de l'article, il est décrit en tant que personne.

Une marque distinctive de la personnalité est la capacité de parler. A la Pentecôte, lorsque le Saint-Esprit est descendu des cieux, **il parla** en d'autres langues par la bouche des disciples. Il montrait ainsi qu'il était venu, en tant que personne, pour prendre sa place sur terre. Il est maintenant le représentant permanent et personnel de la trinité divine résidant sur terre.

Dès lors, chaque fois que le Saint-Esprit vient habiter, en tant que personne, dans le corps d'un croyant, il va de soi qu'il manifeste sa présence au-travers de ce croyant en parlant en langues nouvelles données surnaturellement. Au fond, il affirme: "Maintenant tu sais que, en tant que personne, je vis en toi".

Pour cette raison dans 1 Corinthiens 6:19, dans la version originale grecque, Paul place l'article défini "le" devant "Saint-Esprit". Même si la version française ne peut rendre cette nuance: "Ne savez-vous pas que votre corps est le temple DU ( la contraction de DE **LE** ) Saint-Esprit?" Paul souligne dans ce verset que le fait de parler en langues n'est pas simplement une expérience surnaturelle brève. Mais, au-delà, c'est le signe divin de l'Esprit saint, qui en tant que personne, est venu habiter dans le corps du croyant, le transformant ainsi en un temple saint. Cela place le croyant dans l'obligation solennelle de garder son corps dans la condition de sainteté appropriée en tant que temple de Dieu.

On trouve aussi l'article défini "le" devant "Saint-Esprit" lorsqu'il est décrit exerçant l'autorité dans l'Eglise, par exemple, lorsqu'il envoie les apôtres en mission, lorsqu'il nomme les diacres, ou lorsqu'il guide les ministères apostoliques.

D'autre part, lorsque les croyants sont baptisés dans l'Esprit saint, ou remplis de l'Esprit saint, l'article défini est généralement omis. Ce qui indiquerait que le Saint-Esprit est perçu dans ce cas comme impersonnel: vie, puissance ou influence.

Je vous propose maintenant deux listes. Dans l'une, l'article défini "le" précède "Saint-Esprit", alors qu'il ne figure pas dans l'autre liste.

## AVEC L'ARTICLE "LE" DEVANT "SAINT-ESPRIT"

Matthieu 12:31 "... mais le blasphème contre l'Esprit ne sera point pardonné." (A comparer avec Marc 3:29.)

Marc 13:11 "... car ce n'est pas vous qui parlerez, mais l'Esprit saint."

Luc 3:22 "Et l'Esprit saint descendit sur lui sous une forme corporelle, comme une colombe."

Luc 12:12 "Car le Saint-Esprit vous enseignera à l'heure même ce qu'il faudra dire."

Jean 14:26 "Mais le Consolateur, le Saint-Esprit... c'est lui qui vous enseignera toutes choses..."

Actes 2:38 "... et vous recevrez le don du Saint-Esprit."

Actes 5:3 "Ananias, pourquoi Satan a-t-il rempli ton cœur, au point de mentir à l'Esprit saint...?"

Actes 13:2 "Le Saint-Esprit dit: Mettez-moi à part Barnabas et Saul pour l'œuvre à laquelle je les ai appelés."
Actes 13:4 "Eux donc, envoyés par le Saint-Esprit, descendirent à Séleucie..."

Actes 15:28 "Car il a paru bon au Saint-Esprit et à nous..."

Actes 16:6 "... ils furent empêchés par le Saint-Esprit d'annoncer la parole..."

Actes 20:28 "Prenez donc garde... à tout le troupeau au sein duquel le Saint-Esprit vous a établis responsables..."

Actes 21:11 "Voici ce que déclare le Saint-Esprit..."

1 Corinthiens 6:19 "Ne savez-vous pas que votre corps est le temple du Saint-Esprit qui est en vous?"

## SANS L'ARTICLE DEFINI "LE" DEVANT "SAINT-ESPRIT"

Dans les passages suivants, l'article "le" n'apparaît pas.

Matthieu 1:18 "... Marie... se trouva enceinte par - Saint-Esprit."

Matthieu 3:11 "Il vous baptisera d'Esprit saint et de feu." (Comparez Marc 1:8, Luc 3:16, Jean 1:33, Actes 1:5.) Luc 1:15 "Il (Jean-Baptiste) sera rempli d'Esprit saint, dès le sein de sa mère." (Comparez avec Luc 1:41, 67; 4:1; Actes 2:4; 6:3 et 5; 9:17; 13:9 et 52.)

Luc 1:35 " - Saint-Esprit viendra sur toi (Marie)... C'est pourquoi, le Saint - qui naîtra sera appelé le Fils de Dieu."

Jean 20:22 "Jésus souffla sur eux et leur dit: Recevez - Esprit saint (ou saint souffle)."

Actes 10:38 "Dieu a oint d'Esprit saint et de puissance Jésus de Nazareth..."

Romains 14:17 "Car le royaume de Dieu est... justice, paix et joie dans - Saint-Esprit."

Romains 15:13 "... que vous abondiez en espérance par la puissance du Saint-Esprit."

Romains 15:16 "... afin que les païens lui soient une offrande agréable, sanctifiée par - Esprit saint."

1 Corinthiens 12:3 "... nul ne peut dire: Jésus est Seigneur, si ce n'est par - Saint-Esprit."

Tite 3:5 "... par le bain de la régénération et le renouveau de - Saint-Esprit."

Hébreux 2:4 "... des miracles variés, et des dons (littéralement, distributions) de - Saint-Esprit..."

Hébreux 6:4 "... et sont devenus participants de - Esprit saint..."
2 Pierre 1:21 "... c'est poussé par - Saint-Esprit que des hommes ont parlé de la part de Dieu."

Jude 20 "... priez par - Saint-Esprit."

Finalement, voici quelques-uns des nombreux titres que l'Ecriture donne au Saint-Esprit: l'Esprit de **grâce**; l'Esprit de **gloire**; l'Esprit de **sagesse**; l'Esprit de **vérité**; l'Esprit d'**autodiscipline**.

Méditez sur le sens profond de chacun et recherchez vous-même quelques autres titres dans l'Ecriture. Puis prenez le temps de remercier le Seigneur Jésus parce qu'il a tenu sa promesse de nous envoyer le Saint-Esprit.

* * * * * * *

## *SERVITEUR MODESTE, FEU DEVORANT*

L'Esprit saint a choisi de se révéler au travers des Ecritures. Que nous apportent-elles à son sujet?

La première révélation de l'Esprit saint est contenue dans son titre: il est saint. Le degré d'excellence nécessaire pour juger chaque message, manifestation ou mouvement qui se réclame du Saint-Esprit est: "cela est-il en accord avec sa sainteté ?"

### DU PENTECOTISME AU CHARISMATISME

"Avec l'habitude vient la lassitude" dit l'adage. Ceci s'applique malheureusement quelquefois au domaine spirituel et en particulier au développement du mouvement pentecôtiste. Lorsque le baptême et les dons touchèrent l'Eglise au début du 20ème siècle, être reconnu comme pentecôtiste n'était ni à la mode, ni plaisant. Une certaine flétrissure y était attachée. C'était là le prix à payer.

Les premiers pentecôtistes, pour la plupart, n'avaient pas un grand niveau d'instruction. Ils venaient de milieux simples, agissaient et parlaient parfois d'une manière inconsidérée. Leur concept de la sainteté était souvent légaliste. Mais ils payèrent le prix. Leur expérience fut durement acquise.

On observe une évolution au milieu du 20ème siècle, particulièrement avec la naissance du mouvement charismatique. La substitution qui s'opère du pentecôtisme au charismatisme semble apporter plus de respectabilité. Etre charismatique est devenu à la mode. En fait le mot ne se limite plus aux chrétiens. J'ai été très étonné la première fois que je l'ai vu appliqué par les médias à un politicien peu scrupuleux.

Cette évolution apporte du bon et du mauvais. Certes, le baptême et les dons du Saint-Esprit sont devenus accessibles au Corps entier de Christ. Mais d'un autre côté il y a des pratiques et des ministères auxquels le mot "Saint" ne peut être appliqué. En voici quelques exemples:

- un langage désinvolte et irrévérencieux appliqué au domaine saint de Dieu.
- des ministères publics motivés par la cupidité et l'avidité, promus par des revendications sans fondement ou des promesses non tenues.
- des manifestations bizarres ou inconvenantes, attribuées au Saint-Esprit.

Que l'on retrouve cela dans les ministères qui se disent chrétiens ne me surprend pas vraiment. Après tout, l'égoïsme et la cupidité sont ancrées profondément dans la nature humaine. Ce qui me surprend néanmoins, c'est que des millions de personnes qui se disent chrétiennes acceptent apparemment ce genre de conduite comme procédant du Saint-Esprit. Il est évident que le temps est venu pour nous de s'interroger à nouveau sur la personne de l'Esprit saint. Quelle est-elle?

## UN SERVITEUR HUMBLE ET MODESTE

Je me souviens encore du choc que j'ai ressenti lorsque j'ai réalisé pour la première fois que le service faisait partie de la nature divine. La plupart des gens aujourd'hui pensent qu'être un serviteur est une fonction disqualifiante, servile et dégradante. Cette attitude fait partie des influences corruptrices qui ont empoisonné notre culture contemporaine. De plus, elle est fausse.

Etre serviteur n'a pas son origine dans le temps mais dans l'éternité. Non pas sur terre, mais dans les cieux. De toute éternité, Jésus - le Fils - est le serviteur obéissant, volontaire et joyeux de Dieu le Père. L'Esprit saint, à son tour, est le serviteur modeste et obéissant du Père et du Fils. Il ne se plaint pas d'être "victime" et ne réclame pas "ses droits". Il remplit à la perfection le rôle qui lui revient. Il est Dieu serviteur!

Ceci est illustré de manière fort belle dans Genèse 24 lorsque Abraham se lit en quête d'une épouse pour son fils Isaac. Dans ce récit, on remarque quatre représentations:
Abraham est une représentation de Dieu le Père; Isaac, celle de Jésus, Fils de Dieu; Rébécca représente l'épouse de Christ, c'est-à-dire l'Eglise.

Qu'en est-il du serviteur d'Abraham? Bien qu'il ne soit pas nommé, il est le personnage principal. Il représente l'Esprit saint. En tant que serviteur, il avait un objectif suprême: trouver la jeune femme qui allait devenir l'épouse d'Isaac, l'équiper, la parer et l'escorter en sécurité vers l'époux.

C'est avec cet objectif très similaire que l'Esprit saint est venu sur terre à la Pentecôte. Il est ici avec un objectif suprême: trouver, équiper et parer l'épouse de Christ - l'Eglise - et l'escorter en sécurité à travers ce monde pour la présenter à Jésus en épouse pure et sans tache.

Une caractéristique principale du Saint-Esprit est qu'il n'attire jamais l'attention sur lui. Voici ce que dit Jésus à son sujet:

"Il rendra témoignage de moi..." (Jean 15:26)
"Ses paroles ne viendront pas de lui-même, mais il parlera de ce qu'il aura entendu..." (Jean 16:13)

"Il prendra de ce qui est à moi et vous l'annoncera..." (Jean 16:14)

Plus remarquable encore, dans toute l'écriture, aucun récit ne nous montre quelqu'un adresser sa prière au Saint-Esprit. Le modèle de prière que Jésus a donné à ses disciples commence par les mots "Notre Père". Puis il ajoute sa propre promesse: "et tout ce que vous demanderez en mon nom, je le ferai afin que le Père soit glorifié dans le fils".

La finalité de toute prière scripturaire est Dieu le Père. Le ministère de l'Esprit saint est de nous aider à atteindre

18

le Père par nos prières, et non de nous offrir une destination autre. Nous devons prier par l'Esprit, et non prier à l'Esprit. Lisez Ephésiens 6:18.

Ces dernières années, plusieurs parties de l'Eglise se sont écartées du modèle spirituel. Leur attention s'est centrée sur l'Esprit, en s'éloignant du Père et du Fils. De nombreux cantiques - qui contiennent très peu de références scripturaires - sont chantées à l'Esprit saint. Leur attention principale s'est portée sur les expériences subjectives qui nourrissent l'ego des participants. Ce basculement inopiné et subtil de l'attention a largement ouvert la porte à des dangers d'ordre spirituel que beaucoup parmi le peuple de Dieu n'ont pas su discerner.

Il nous faut garder deux principes fondamentaux: le premier est que l'Esprit ne satisfait jamais l'ego humain et le second est que l'Esprit n'attire jamais l'attention sur lui-même. Il dirige toujours notre attention sur Jésus.

Lorsque l'on s'écarte de ces principes, il en résulte beaucoup d'exaltation charnelle et de complaisance émotionnelle sans sainteté authentique. Ou - plus dangereux encore - la voie peut être ouverte aux contrefaçons sataniques qui à leur tour ouvrent la voie aux activités démoniaques.

## UN FEU DEVORANT

Une des manifestations caractéristiques de l'Esprit saint est le feu. En fait la dernière manifestation de l'Esprit relatée dans l'Ecriture est "les sept lampes ardentes brûlent devant le trône de Dieu" (Apoc.4:5).

De même, l'auteur de l'épître aux Hébreux déclare de manière simple et profonde que "Dieu est un feu dévorant" (Héb. 12:29). Il ne dit pas que Dieu est comme un feu, mais que Dieu est un feu. Pour cette raison "nous devons rendre à Dieu un culte qui lui soit agréable, avec piété et avec crainte" (Héb. 12:28). En d'autres termes, nous devons le servir de manière acceptable avec crainte, révérence et sainteté; non pas une crainte servile, mais avec "la crainte de l'Eternel qui est pure et subsiste à toujours" (Ps 19:10).

L'auteur de l'épître aux Hébreux ne parle pas de Dieu le Père ou de Dieu le Fils, mais de Dieu l'Esprit saint, qui est un feu - un feu dévorant-.
A plusieurs moments de l'histoire d'Israël, le Saint-Esprit est descendu comme un feu parmi le peuple. Dans le tabernacle, au désert, lorsque Aragon eut offert les sacrifices requis,

"Le feu sortit de devant l'Eternel, et consuma sur l'autel l'holocauste et les graisses. Tout le peuple le vit; et ils poussèrent des cris de joie, et se jetèrent sur leur face." (Lev. 9:24)

De même, lorsque Salomon eut achevé sa prière de dédicace du Temple,

"Le feu descendit du ciel et consuma l'holocauste et les sacrifices, et la gloire de l'Eternel remplit la maison. Les sacrificateurs ne pouvaient entrer dans la maison de l'Eternel, car la gloire de l'Eternel remplissait la maison de l'Eternel." (2 Chron. 7:1-2)

Plus tard, dans une période d'apostasie, lorsque le Seigneur répondit à la prière d'Elie sur le Mont Carmel,

"Et le feu de l'Eternel tomba, et il consuma l'holocauste, le bois, les pierres et la terre, et il absorba l'eau qui était dans le fossé. Quand tout le peuple vit cela, ils tombèrent sur leur visage et dirent: C'est l'Eternel qui est Dieu! c'est l'Eternel qui est Dieu!" (1 Rois 18:38-39)

Chaque fois, le feu descendit et le peuple tomba la face contre terre. Ils n'étaient pas simplement sous l'effet d'une manifestation spirituelle. Ils répondaient à la présence de Dieu. - Dieu le Saint-Esprit - qui était descendu parmi eux comme un feu dévorant. En sa présence, ils étaient incapables de se tenir debout.

## POUR PURIFIER OU POUR DETRUIRE?

Cependant, le feu a deux effets opposés, l'un bénéfique, l'autre dangereux. Le feu peut purifier, mais il peut aussi détruire.

Il en est de même du feu de l'Esprit saint. Il peut apporter la faveur et la bénédiction de Dieu à ceux qui lui obéissent. Mais il peut apporter la colère et le jugement sur les prétentieux et les obstinés.
Immédiatement après que le feu eut descendu sur le sacrifice d'Aaron dans le tabernacle, le récit ajoute:

"Les fils d'Aaron, Nadab et Abihu, prirent chacun un brasier, y mirent du feu, et posèrent du parfum dessus; ils apportèrent devant l'Eternel du feu étranger, ce qu'il ne leur avait point ordonné. Alors le feu sortit de devant l'Eternel, et les consuma: ils moururent devant l'Eternel." (Lév. 10:1-2)

Comme cette leçon est importante et grave! Le même feu qui avait apporté la bénédiction sur le sacrifice d'Aaron offert en obéissance, apporta aussi la mort immédiate à ses deux fils qui étaient entrés en la présence de Dieu avec un feu impie.

Dieu a déjà défini la manière de s'approcher de lui: "avec révérence et crainte respectueuse et sainte." (Héb..12:28). Nous tous (Juifs et païens) "avons accès auprès du Père dans un même Esprit - le Saint-Esprit" (Ep.2:18).

Offrir "un feu impie", c'est approcher Dieu avec un cœur présomptueux et sa volonté propre, avec un esprit autre que l'Esprit saint. Il est donc vital, la vie ou la mort en dépendent, de reconnaître l'Esprit saint dans ses diverses manifestations et de le distinguer de tout autre esprit de simulation.

Parmi les Israélites, Nadab et Abihu, les fils d'Aaron pensèrent avoir un privilège particulier. Ils entrèrent en présence de Dieu de leur propre chef et de la manière qu'ils choisirent. Par droit de naissance; Nadab aurait légitimement succédé à Aaron en tant que grand sacrificateur. Mais il n'existe aucun substitut pour obéir à la parole de Dieu: ni de statut particulier à une dénomination, ni de miracles importants, ni d'élection par la foule. Dieu n'a pas "d'élite" privilégiée qui puisse ignorer ses exigences sans en souffrir les conséquences.

Le jugement de Dieu sur la vanité - la vaine gloriole - de Nadab et d'Abihu nous montre que l'Esprit saint donne sa bénédiction à ceux qui répondent à ses exigences. Aujourd'hui sa première exigence est d'exalter et de glorifier le Seigneur Jésus-Christ. La seconde est de suivre attentivement les directions que l'Esprit lui-même nous a transmises dans les Ecritures.

* * * * * * *

## L'ESPRIT SAINT:
## ETERNEL, OMNISCIENT,
## OMNIPRESENT

Nous allons, dans ce chapitre, étudier plus précisément la troisième personne de la divinité: le Saint-Esprit. Trois adjectifs s'appliquent particulièrement à décrire l'Esprit saint qui est éternel, omniscient et omniprésent.

### ETERNEL

A la fin du service religieux pentecôtiste auquel j'avais assisté pour la première fois de ma vie, le prédicateur m'avait demandé: "Êtes-vous convaincu d'être pécheur?" Or à cette époque, j'étais professeur de philosophie à l'université de Cambridge et je venais juste d'achever ma thèse portant sur "les définitions". J'avais donc immédiatement passé en revue mentalement toutes les définitions du mot "pécheur" et elles s'appliquaient parfaitement à moi! Aussi lui avais-je répondu; "Oui, je crois que je suis pécheur!"

Le prédicateur m'avait alors demandé: "Croyez-vous que Christ soit mort pour vos péchés?" J'avais réfléchi un moment et lui avais répondu, "A dire vrai, je ne vois pas en quoi la mort de Jésus-Christ, il y a dix-neuf siècles, a quelque chose à voir avec les péchés que j'ai commis durant toute ma vie."

Le prédicateur avait assez de sagesse pour ne pas discuter avec moi et je suis certain qu'il pria pour moi...Quelques jours plus tard je rencontrai le Seigneur Jésus-Christ, ce fût une rencontre puissante qui changea entièrement le cours de ma vie. La Bible, notamment, devint pour moi une parole vivante et pleine de sens.

Quelque temps après, j'étais en train de lire dans Hébreux 9:14 que "Christ ... **par l'Esprit éternel** s'est offert lui-même sans tache à Dieu." C'est alors que tout d'un coup, je saisis l'importance du mot "éternel". Sa signification dépasse de beaucoup celle de "une durée extrêmement longue". Cet adjectif dénote une durée au-dessus et au-delà des limites du temps, s'appliquant à quelque chose qui comprend simultanément le passé, le présent et le futur.

Lorsque Jésus s'est offert à la croix, la valeur de son sacrifice ne s'est pas limitée à l'époque de sa mort. Son sacrifice couvre les péchés de tout être humain, en tout temps - passé, présent et futur - . Il était déjà valable pour les péchés que j'allais commettre dix neuf siècles plus tard.

L'adjectif grec utilisé pour le mot "éternel" a un sens d'une profondeur insondable. Il dérive du nom grec "aion" qui désignait autrefois la mesure du temps, la durée de l'univers, et que l'on retrouve par exemple dans:

Héb.. 7:24 "...éternellement", c'est à dire "la durée de cet âge présent".

Jude 25 "...dès avant tous les temps, maintenant et dans tous les temps (siècles ou âges)".

Gal.1:5 "...aux siècles des siècles".

Il est évident que ces différentes traductions ne font pas apparaître la profondeur du sens du mot "éternel" comme l'exprime le texte grec. Ces expressions, et d'autres semblables, m'inspirent cependant un immense respect. J'ai comme l'impression d'être une goutte d'eau suspendue au-dessus d'un abîme sans fond et séparant deux montagnes trop hautes pour en atteindre les sommets! Ma pensée ne peut même pas comprendre qu'il y ait "un âge" englobant "tous les âges", encore moins qu'il y ait "des âges qui renferment tous ces âges". Cependant l'Esprit saint éternel les renferme tous, depuis le passé incommensurable jusqu'au futur tout aussi incommensurable.

Je commence à comprendre d'une manière nouvelle le titre sous lequel Dieu est adoré dans les cieux: "Le Seigneur Dieu, le Tout-Puissant, qui [éternellement] était, qui est et qui vient!" Apoc. 4:8.

## OMNISCIENT

L'omniscience de l'Esprit saint est en relation étroite avec sa nature "éternelle". Dans 1 Jean 3:20, l'apôtre nous met devant une révélation profonde et simple à la fois: Dieu connaît toute chose. Il n'est rien que Dieu ne connaisse. Du plus petit insecte sur la terre à l'étoile la plus éloignée dans l'espace, il n'est rien que Dieu ne connaisse complètement.

Dieu sait plus de choses sur nous que nous n'en savons nous-même. Par exemple, il connaît le nombre de cheveux que nous avons chacun sur notre tête. Mt 10:30. Dieu connaissait le nombre d'habitants de la ville de Ninive. Jonas 4:11. Il connaissait - et contrôlait - la croissance de la plante qui protégeait Jonas de son ombre. Il connaissait - et contrôlait - l'action du vers qui fit flétrir la plante. Jonas 4:6-7

Dans 1 Cor 2: 9-10, Paul parle de ce que "l'œil n'a pas vu, de ce que l'oreille n'a pas entendu, de ce qui n'est pas monté au cœur de l'homme". Puis il ajoute, "mais Dieu nous l'a révélé par son Esprit. Car l'Esprit sonde tout, même les profondeurs de Dieu."
L'Esprit saint mesure les abîmes les plus profonds et les cimes les plus élevées de ce qui était, de ce qui est, et de ce qui vient. Sa connaissance est infinie.

C'est à la lumière de cette connaissance infinie que nous devons nous préparer chacun à rendre compte de notre vie devant Dieu. "Nulle créature n'est cachée devant lui, mais tout est nu et découvert aux yeux de celui à qui nous devons rendre compte". Héb. 4:13

La connaissance et la sagesse surnaturelles de l'Esprit saint ont été manifestées tout au cours du ministère de Jésus sur la terre, nous voyons cela particulièrement dans ses relations avec Judas Iscariot. Lorsque les disciples dirent à Jésus: "Nous avons cru, et nous avons connu que c'est toi le Christ [le Messie], le Fils du Dieu vivant"

Jean 6:69, Jésus leur répondit en leur révélant qu'être le Messie impliquait être trahi par l'un de ses disciples: "N'est-ce pas moi qui vous ai choisis, tous les douze? Et l'un de vous est un démon! Il parlait de Judas, fils de Simon Iscariot, car c'était lui qui devait le livrer, lui l'un des douze!" Jean 6:70-71
Jésus savait par l'Esprit saint que Judas le trahirait, et cela avant même que Judas ne le réalise.

De plus, Judas ne pouvait accomplir son plan avant que Jésus ne prononçât la phrase qui lui permettait de le faire. Au cours du Dernier Repas, Jésus avertit ses disciples: "L'un de vous me livrera". Lorsqu'ils lui demandèrent qui cela serait, Jésus répondit: "C'est celui pour qui je tremperai le morceau et à qui je le donnerai." Il trempa le morceau et le donna à Judas Iscariot.
Dès que Judas eut reçu le morceau, Satan entra en lui. Alors Jésus lui dit; "Ce que tu fais, fais le vite". Ayant reçu le morceau de pain, Judas sortit rapidement pour trahir Jésus. Jean 13:21-30.

Je suis envahi par la crainte de Dieu lorsque je réalise que Judas ne pouvait passer à l'acte et trahir Jésus, tant que Jésus ne lui adressait pas la parole lui permettant d'accomplir sa trahison. D'un bout à l'autre de cette scène, c'est Jésus, le trahi, et non Judas le traître, qui contrôle la situation.

Lorsque notre pensée saisit la connaissance parfaite et surtout la prescience de Dieu, c'est-à-dire sa connaissance du futur, cela nous donne l'assurance que quoi qu'il arrive, Dieu n'est jamais pris par surprise. Le

Royaume des Cieux ne connaît pas de situation de panique et d'urgence. Non seulement Dieu connaît toute chose du début à la fin, mais il est lui-même le "Commencement et la Fin" Apoc. 21:6. Et il est en contrôle de tout, toujours.

Plus particulièrement, Dieu connaît ceux qu'il a choisis afin qu'ils soient avec lui dans l'éternité: "car ceux qu'il a connu d'avance, il les a aussi prédestinés à être semblables à l'image de son Fils, afin qu'il soit le premier-né d'un grand nombre de frères." Rom 8:29.

Et si, par la miséricorde et la grâce de Dieu nous atteignons cette glorieuse et éternelle destination, Jésus ne nous accueillera pas en disant: "Je n'ai jamais vraiment pensé te voir ici!", mais il dira plutôt: "Mon enfant, je t'attendais. Nous ne pouvions prendre place au festin des noces sans que tu y sois".

A ce glorieux banquet, je crois que chaque place réservée portera le nom du convive attendu. Et jusqu'à ce que le nombre des rachetés soit complet, Dieu attend avec une patience étonnante car "il ne veut pas qu'aucun périsse, mais que tous arrivent à la repentance". 2 Pi 3:9.

## OMNIPRESENT

Lorsque nous disons que Dieu est **omniprésent**, cela signifie qu'il est présent partout à la fois. Dans Jr 23: 23-24, Dieu lui-même affirme ceci:

"Ne suis-je un Dieu que de près, dit le Seigneur, et ne

suis-je pas aussi un Dieu de loin? Quelqu'un peut-il se cacher dans un lieu secret, sans que je le vois? dit le Seigneur. Est-ce que je ne remplis pas, moi, les cieux et la terre?"

Comment cela se peut-il? Nous savons que Dieu siège sur son trône dans les cieux, avec Jésus à sa droite. Comment peut-il alors remplir les cieux et la terre de sa présence?

Dans le Ps 139: 7-12 David fournit la réponse. D'abord, il demande:

"Où irais-je **loin de ton Esprit**, et où fuirais-je **loin de ta présence**?"

Ceci montre que c'est par son Esprit que Dieu est présent partout à la fois. Puis, David ajoute des détails très vivants:
"Où irais-je loin de ton Esprit, et où fuirais-je loin de ta face? Si je monte aux cieux, tu y es; si je me couche au séjour des morts, t'y voilà. Si je prends les ailes de l'aurore, et que j'aille habiter à l'extrémité de la mer, là aussi ta main me conduira, et ta droite me saisira. Si je dis, au moins les ténèbres me couvriront, la nuit devient lumière autour de moi; même les ténèbres ne sont pas obscures pour toi, la nuit brille comme le jour, et les ténèbres comme la lumière."
Où que nous allions, Dieu est là par son Esprit invisible, souvent imperceptible, mais à qui nul n'échappe. Pour la personne qui n'est pas croyante, cette pensée peut être terrifiante, mais c'est une assurance qui fortifie et

réconforte le croyant. Où que nous nous trouvions, "là aussi ta main me conduira, et ta droite me saisira".

Dans le Nouveau Testament, Jésus nous donne cette assurance: "Je ne te délaisserai pas ni ne t'abandonnerai." Héb. 13:5. A certains moments, nous ne sommes peut-être pas conscients de sa présence, mais il est là par son Esprit saint. Notre environnement immédiat peut sembler très sombre, mais "... les ténèbres ne se cachent pas de toi... ".

Nous devons chacun cultiver une sensibilité intérieure ouverte à l'Esprit saint, et qui ne dépend pas des preuves physiques de nos sens. Lorsque nos sens - le toucher, la vue, l'ouïe etc., - ne nous renseignent pas sur sa présence, ou même la nient, il devrait exister dans les profondeurs de notre esprit, un lieu constamment ouvert et sensible à la présence de l'Esprit saint. Alors, nous comprendrons mieux les titres de "Consolateur" et "d'Aide" qui lui sont attribués. Jean 14:26.

Il n'est de meilleure façon de clore cette lettre si ce n'est en remerciant le Père et le Fils de nous avoir envoyé l'Esprit saint. Voulez-vous le faire avec moi?

* * * * * *

# l'ESPRIT DE VERITE

"Et moi, je prierai le Père, et il vous donnera un autre consolateur, afin qu'il demeure éternellement avec vous, l'Esprit de vérité, que le monde ne peut recevoir, parce qu'il ne le connaît point; mais vous, vous le connaissez, car il demeure avec vous, et il sera en vous" (Jean 14:16-17).

Quand Jésus a promis à ses disciples qu'il demanderait au Père de leur envoyer un Consolateur divin, il a donné à ce Consolateur un nom particulier; *"l'Esprit de vérité"*. Cependant, en même temps, il les a avertis que le monde ne serait pas capable de recevoir ce Consolateur.

Les Ecritures nous donnent deux raisons pour cela. Premièrement, depuis le moment où les hommes se sont détournés de Dieu dans la rébellion, ils ont refusé de recevoir la vérité qui expose leurs œuvres injustes. C'est pourquoi ils *"retiennent injustement la vérité captive"* (Romains 1:18).

Deuxièmement, la rébellion contre Dieu a exposé l'humanité à la domination du dieu de cet âge *"Satan, qui séduit toute la terre"* (Apoc. 12:9). La tromperie est l'arme principale sur laquelle Satan s'appuie pour garder l'humanité sous son contrôle. Si on lui retire cette capacité, Satan n'a plus rien à offrir à qui que ce soit, sauf une place avec lui dans le lac de feu éternel!

A travers de nombreux siècles, la philosophie humaine n'a jamais été capable de produire une définition satisfaisante du mot "vérité". Mais la Bible, elle, nous donne une réponse comprenant trois points. Premièrement, Jésus a dit *"Je suis la vérité"* (Jean 14:6). Deuxièmement, en priant Dieu le Père, il dit *"Ta Parole est vérité"* (Jean 17:17). Troisièmement, Jean nous dit *"Le (Saint) Esprit est la vérité"* (1 Jean 5:6).

Ainsi donc, dans le monde spirituel, il y en a trois qui déterminent ensemble la vérité: Jésus, les Ecritures et le Saint-Esprit. Quand ces trois sont en accord, nous savons que nous sommes arrivés à la vérité - la vérité absolue. Il est cependant important de vérifier avec les trois avant d'arriver à une conclusion. Nous devons nous poser trois questions concernant tout problème spirituel:

· Jésus est-il représenté tel qu'il est véritablement?
· Est-ce en harmonie avec les Ecritures?
· Le Saint-Esprit en rend-t-il témoignage?

l'Eglise se serait épargnée bien des erreurs et des égarements à travers l'histoire si elle avait toujours vérifié avec ces trois garants de la vérité qui œuvrent ensemble. Il ne suffit pas qu'un enseignant de la Parole présente le portrait attrayant de Jésus en tant qu'exemple moral parfait, ni qu'un pasteur bombarde sa congrégation de versets, ni qu'un évangéliste impressionne son audience avec une démonstration exaltante du surnaturel. Avant de pouvoir accepter ce qui nous est présenté comme la vérité, les trois doivent être présents: Jésus, les Ecritures et le Saint-Esprit.

Dans la triple présentation de la vérité, la fonction caractéristique du Saint-Esprit est de **rendre témoignage** *"c'est l'Esprit qui rend témoignage"* (1 Jean 5:6).

Le Saint-Esprit rend témoignage que Jésus est le Fils éternel de Dieu qui a versé son sang à la croix, sacrifice pleinement suffisant pour nos péchés, comme l'a écrit Charles Wesley:

"L'Esprit répond au sang
Et me dit que je suis né de Dieu".

Le Saint-Esprit rend aussi témoignage de la vérité et de l'autorité des Ecritures, comme Paul l'a écrit aux Thessaloniciens *"Notre Evangile ne vous a pas été prêché en paroles seulement, mais avec puissance, avec l'Esprit saint et avec une pleine persuasion..."* (1 Thess. 1:5)

### ANANIAS ET SAHPIRA

Il ne peut y avoir aucun compromis entre le Saint-Esprit qui est l'Esprit de vérité et Satan qui *"est menteur et le père du mensonge"* (Jean 8:44). Voilà qui a été démontré de façon spectaculaire dans l'Eglise primitive quand Ananias et Saphira ont menti au sujet de l'argent qu'ils donnaient à l'église. Ils avaient affirmé avoir apporté le plein prix de leur propriété vendue alors qu'en fait, ils en avaient gardé une partie.

Cependant, L'Esprit de vérité en Pierre n'était pas dupé. Il a accusé Ananias d'avoir menti, non seulement aux hommes mais aussi au Saint-Esprit lui-même - celui qui est l'Esprit de vérité même. (Actes 5: 3-5):

"Pierre lui dit, Ananias, pourquoi Satan a-t-il rempli ton cœur, au point que tu mentes au Saint-Esprit, et que tu aies retenu pour toi une partie du prix du champ? S'il n'avait pas été vendu, ne te restait-il pas? Et, après qu'il a été vendu, le prix n'était-il pas à ta disposition? Comment as-tu pu mettre en ton cœur un pareil dessein? Ce n'est pas à des hommes que tu as menti, mais à Dieu. Ananias, entendant ces paroles, tomba, et expira. Une grande crainte saisit tous les auditeurs"

Trois heures plus tard, Saphira à son arrivée a répété le même mensonge. Tout comme son mari, elle l'a payé de sa vie.

Pour être plus précis, le péché dont étaient coupables Ananias et Saphira était l'hypocrisie - la prétention religieuse. Ils ont prétendus être plus généreux et plus engagés envers le Seigneur qu'ils ne l'étaient en réalité. Jésus a réservé ses mots les plus forts pour condamner ce péché chez les conducteurs religieux de son époque. Dans Mathieu 23, il leur a dit sept fois "Malheur à vous, hypocrites!...".

## QU'EST-CE QUE L'HYPOCRISIE?

Les mots "hypocrite", "hypocrisie" sont directement dérivés du mot grec *hupokrites* qui signifie "acteur". Voici l'essence de l'hypocrisie: jouer la comédie. Il n'y a probablement aucun péché qui soit plus commun parmi les gens religieux que l'hypocrisie. En fait, certaines formes de religion l'exigent presque.

Quand les gens entrent dans un édifice religieux, c'est toute leur attitude qui change. Ils ne sont plus ni naturels, ni libres, ni ouverts. Ils semblent être saisis d'une sorte de "crispation" invisible. Ils ont l'impression qu'ils doivent mettre un masque religieux. Différentes dénominations peuvent appeler à porter des masques différents mais peu permettent aux gens d'être vraiment eux-mêmes.

Quand le prédicateur condamne certains péchés, ces gens là répondent avec un "Amen!" sérieux mais, en dehors de l'église, ils commettent les même péchés sans que leur conscience le leur reproche. S'ils prient à voix haute, ils emploient un ton de voix particulier et souvent un vocabulaire spécial. Ils ne s'arrêtent pas pour considérer comment un père (terrestre?) se sentirait si son enfant s'adressait à lui avec un langage aussi artificiel ou encore s'il utilisait une telle façon de se conduire pour lui faire bonne impression.

Le Dieu de la Bible n'a pas de temps pour les hypocrites. C'est quelque chose qui se voit clairement dans l'histoire de Job. Les trois amis de Job ont déversé un torrent de banalités religieuses. Dans le fond, ce qu'ils ont dit, c'est d'une part: "Dieu bénit toujours les justes, ils ne souffrent jamais injustement", et de l'autre: "Dieu juge toujours les méchants, ils ne prospèrent jamais". Pourtant les faits historiques démontrent que ce n'est pas vrai. Voilà qui n'est que du baratin religieux!

Quant à Job, il a été entièrement franc. Ce qu'il a dit se résume à: "Dieu ne me traite pas avec justice. Je n'ai rien fait pour mériter tout cela; mais quand bien même il me tuerait, je garderai toute ma confiance en lui".

Dans Job 42: 7, Le Seigneur a révélé ce qu'il pensait de la conduite de Job, et de celle de ses amis: "l'Eternel dit à Eliphaz de Théman 'Ma colère est enflammée contre toi et contre tes deux amis, parce que vous n'avez pas parlé de moi avec droiture comme l'a fait mon serviteur Job'". (Job 42:7)

Nous devons nous demander en quoi cette sorte d'attitude religieuse diffère du péché d'Ananias et de Saphira, péché qui leur coûta la vie!

## LE MOMENT DE VERITE

A un certain moment de sa carrière, David a été coupable de deux horribles péchés: tout d'abord, il a commis l'adultère avec Bath-Shéba, la femme de son voisin Urie. Ensuite, pour cacher son péché, il s'est arrangé pour faire mourir Urie.
Tout a semblé bien marcher pour David, du moins, en apparence. Il continuait à adorer régulièrement selon son habitude, il remplissait ses fonctions de roi, il continuait de vivre dans le palais royal. Apparemment, rien n'avait changé - jusqu'à ce qu'il soit confronté avec son péché par le messager de Dieu, le prophète Nathan. A ce moment crucial, la destinée éternelle de David était en jeu. Par la grâce de Dieu, David a réagi de la bonne manière: il n'a pas cherché à s'excuser, il n'a pas essayé

de cacher, il a reconnu: *"J'ai péché"* (2 Sam. 12:1-15).

Plus tard, dans le psaume 51, David a offert une prière de confession et ensuite une supplication pour recevoir la miséricorde. Les versets cinq et six commencent tous les deux avec le mot "Voici" qui exprime la révélation soudaine d'une vérité vitale.

Le verset cinq dit "Voici, j'ai été enfanté dans l'iniquité, et dans le péché ma mère m'a conçu". David avait fait face à quelque chose que seul l'Esprit de Dieu peut révéler: pas seulement les péchés qu'il avait commis, mais l'horrible pouvoir du mal, de la nature du péché héritée, qui habite en chaque descendant d'Adam.

Le verset six révèle la seule base sur laquelle Dieu offre la délivrance de la puissance du péché qui habite en nous: "Voici, tu veux la vérité dans l'homme intérieur". Même après son péché, David avait continué d'accomplir tous les actes extérieurs requis par sa position de roi. Mais maintenant, il y avait une vaste différence entre son attitude extérieure et l'état intérieur de son cœur. Il s'était transformé en hypocrite - un acteur jouant un rôle qui ne correspondait plus avec ce qu'il y avait dans son cœur. Il n'y avait qu'un remède possible à cela; une confession honnête et une repentance entière.

## DU JOUR DES RAMEAUX AU VENDREDI SAINT

Il y a une vérité qu'on retrouve à travers toute la Bible: Dieu n'accepte jamais le compromis avec le péché. Voilà qui est illustré de façon très claire par deux jours de la vie de Jésus: le Jour des rameaux et le Vendredi saint.

Le Jour des rameaux, Jésus est entré dans Jérusalem comme un héros ayant la faveur du peuple - *"le prophète de Nazareth de Galilée"* (Mat. 21:11). La ville entière lui était ouverte. Il aurait facilement pu se débarrasser de ses ennemis acharnés, les conducteurs religieux, pour s'établir comme roi. C'était ce que le peuple attendait.

Pourtant, ce n'est pas cela qu'il a choisi de faire. Cinq jours plus tard, il était pendu au bois, nu et rejeté sur une croix cruelle. Pourquoi? Parce que Dieu ne fait jamais de compromis avec le péché et que l'unique solution pour ce dernier était le sacrifice de Jésus sur la croix.

Beaucoup de chrétiens aujourd'hui parlent du "réveil" et prient à ce sujet. Ils oublient souvent le fait qu'il y a un obstacle au réveil qui ne peut jamais être contourné. C'est le **péché**. Jusqu'à ce que le problème du péché soit résolu, le réveil ne pourra jamais venir. Et il y a une seule façon de s'occuper du péché: "Celui qui cache ses transgressions ne prospérera point, mais celui qui les confesse et les abandonne obtiendra miséricorde" (Prov. 28:13).

En parlant franchement, de grandes parties de l'Eglise contemporaine sont remplies de "transgressions cachées". Voici certains des péchés que les chrétiens cherchent souvent à cacher:

- 1. Le mauvais traitement d'un enfant (sévices physiques, émotionnels, sexuels) ou même une combinaison des trois.
- 2. Le non-respect des vœux de mariage.

- 3. La malhonnêteté dans les questions d'argent.
- 4. La dépendance envers la pornographie. (J'ai été choqué de découvrir combien c'est quelque chose de commun parmi les responsables des églises).
- 5. La gloutonnerie, le manque de contrôle de nos appétits physiques.

Le remède de Dieu est double: premièrement confesser, deuxièmement abandonner. Il est rarement facile de confesser nos péché, pourtant, il n'y a pas d'autre solution. *" Si nous confessons nos péchés, il est fidèle et juste pour nous pardonner nos péchés et nous purifier de toute iniquité"* (1 Jean 1:9). Dieu ne s'est jamais engagé à pardonner les péchés que nous ne voulons pas confesser.

Il n'est pas suffisant de simplement confesser. Nous devons aussi "abandonner". Nous devons prendre la ferme résolution de ne pas continuer à pratiquer le péché que nous avons confessé. Nous devons suivre le conseil que Daniel a donné au roi Nebucadnetsar: *" Romps avec tes péchés par la justice"* (Daniel 4:27). Il n'y a pas de milieu entre la justice et le péché. *"Toute iniquité est un péché"* (1 Jean 5:17). Ce qui n'est pas conforme à la justice est péché.

Faites-vous face à une décision difficile?

Si ce message vous a amené à questionner certaines choses de votre vie que vous aviez acceptées jusqu'ici, ou si elle vous a amené à vous confronter à des domaines dans lesquels vous êtes en désobéissance, ouvrez-vous à l'Esprit de vérité! Il est prêt et disposé à vous venir en aide.

\* \* \* \* \* \* \*

# LES DONS DU SAINT-ESPRIT

Quand Abraham a envoyé son serviteur de Canaan à Paddan Aram chercher une épouse pour son fils Isaac, le serviteur a pris avec lui dix chameaux chargés. J'ai vu de mes propres yeux au Moyen-Orient ce qu'on peut mettre sur un chameau. C'est impressionnant!

Les dix chameaux avec leur chargement étaient une preuve visible qu'Abraham était un homme honoré et prospère. Dans ce chargement se trouvaient des bijoux précieux et des cadeaux. Quand le serviteur a trouvé la jeune femme qui devait être l'épouse d'Isaac, la première chose qu'il a faite a été de lui placer, au milieu du visage - ce qui ne pouvait passer inaperçu - un anneau précieux dans les narines. (Voir note Bible La Colombe Gen.24:22).

En acceptant l'anneau, Rébecca s'engageait à devenir l'épouse d'Isaac. Si par contre elle avait refusé ce présent, elle aurait déshonoré et rejeté Isaac, et n'aurait jamais pu devenir sa femme.

D'une façon similaire aujourd'hui, Dieu a envoyé son Saint-Esprit avec d'abondantes provisions pour l'épouse de son fils Jésus, l'Eglise. Les neufs merveilleux dons spirituels en font partie. En acceptant ces dons, l'Eglise se distingue comme celle qui s'est engagée à être l'Epouse de Christ.

## NEUF DONS SURNATURELS

Ces neuf dons sont cités dans 1 Corinthiens 12:8-10. Pour mettre en évidence leur véritable signification, en voici la traduction littérale: 1. une parole de sagesse; 2. une parole de connaissance; 3. la foi; 4. les dons de guérison; 5. œuvres miraculeuses (littéralement pouvoirs de miracle); 6. prophétie; 7. discernement des esprits; 8. différentes sortes de langues; 9. interprétation des langues.

Tous ces dons sont des "manifestations". Le Saint-Esprit lui-même est invisible, mais à travers ces dons, il se manifeste. Il agit sur nos sens de telle façon qu'il est vu, entendu ou ressenti.

Ils sont tous "pour le profit de tous". Les chrétiens peuvent s'entraider grâce à eux. Ils ont tous un but pratique; ce sont des outils de travail, pas des jouets.

Tous ces dons sont surnaturels. Ils ne sont pas le produit de nos capacités naturelles ni d'une éducation particulière. Une personne analphabète peut recevoir une parole de sagesse ou de connaissance. De même, le don de la "foi" opère au-delà de la foi nécessaire pour notre salut. Il est aussi bien différent du fruit de la foi, qui se développe naturellement peu à peu; c'est une foi surnaturelle qui va au-delà de notre capacité naturelle et qui produit des résultats surnaturels.

Il est souvent suggéré que ces dons ont été retirés à la fin de l'ère apostolique et ne sont plus à notre disposition aujourd'hui. Toutefois, Paul remercie Dieu pour les chrétiens de Corinthe parce que "vous ne manquez d'aucun don de grâce pendant que vous attendez la révélation de notre Seigneur Jésus Christ"[1]. Il est donc clair que les chrétiens sont appelés à continuer d'exercer les dons spirituels jusqu'au retour de Jésus-Christ.

Les deux premiers dons cités par Paul - la parole de sagesse et la parole de connaissance - sont reliés d'une façon pratique. La parole de connaissance nous communique des faits concernant une situation, puis la parole de sagesse nous indique comment Dieu veut que nous traitions la situation.

Certains dons sont mentionnés entièrement au pluriel, par exemple: des dons de guérisons, des opérations de miracles, des discernements d'esprits, diverses sortes de langues (Darby). Voilà qui indique que chaque guérison, chaque miracle, chaque discernement, chaque expression en une certaine langue (langage) est un don. Si un don en particulier se manifeste à travers une certaine personne, on dit que cette personne a ce don.

## ON NE PEUT PAS GAGNER LES DONS

Il faut souligner que tous ces dons sont donnés par la grâce de Dieu, et c'est par la foi qu'on les reçoit. On ne peut jamais les mériter. On ne peut jamais être "assez bon" pour les exercer.

En 1941, dans une chambrée d'une caserne de l'armée britannique, au milieu de la nuit, j'ai fait une rencontre puissante avec le Seigneur Jésus-Christ qui a transformé

---

[1] 1 Cor: 1:6, Darby

ma vie. Environ une semaine plus tard, dans la même chambrée, j'ai parlé pour la première fois dans une langue inconnue. D'une façon tout à fait inattendue, j'ai continué alors à m'exprimer en donnant "l'interprétation" dans un bel anglais poétique. Elle traçait les grandes lignes du plan de Dieu pour ma vie et de mon ministère, plan qui s'est accompli - étape par étape - jusqu'à aujourd'hui (ce qui représente plus de cinquante-cinq ans).

Heureusement pour moi, je n'étais pas assez "spirituel" pour savoir qu'il fallait se rendre à l'église afin d'être sauvé et qu'il fallait attendre six mois pour recevoir le don d'interprétation après avoir donné un message en langue!

De 1957 à 1961, j'ai travaillé comme directeur à la faculté de formation des enseignants africains au Kenya. Durant ce temps, nous avons reçu une visitation souveraine du Saint-Esprit dans notre faculté. J'ai vu les neuf dons du Saint-Esprit opérer à différents moments dans les réunions avec mes étudiants. J'ai vu également, à des occasions différentes, deux de mes étudiants ressuscités des morts. Tous les deux témoignèrent par la suite de ce qu'ils avaient expérimenté pendant que leur esprit était sorti de leur corps.

Plus tard, aux Etats-Unis, j'ai reçu un don "inattendu" pour les gens boiteux. Alors qu'ils prenaient place sur un siège et que je tenais leurs pieds dans mes mains, la jambe la plus courte s'allongeait devant mes yeux et ils étaient guéris. Cependant, certaines personnes ont suggéré que ce ministère ne corresponde pas à celui d'un docteur de la Bible digne de ce nom. J'ai décidé de poser la question au Seigneur et j'ai senti qu'il me donnait cette réponse: "Je t'ai donné un don. Tu peux faire deux choses: soit l'utiliser et recevoir davantage, soit ne pas l'utiliser et le perdre". J'ai immédiatement décidé que je continuerais à utiliser ce que Dieu m'avait donné et vraiment, j'ai reçu plus.

Parfois, j'ai vu la jambe la plus courte grandir jusqu'à cinq centimètres. Cette manifestation de la puissance divine a aussi déclenché d'autres miracles. Une fois, sans faire aucune prière spécifique, un homme a été guéri de trois grosses infirmités et libéré de l'emprise de la nicotine.

Je me souviens d'une femme qui est venue avec un sac en papier dans les mains; elle portait à un pied une chaussure spéciale avec un talon de presque quatre centimètres de plus que l'autre. Quand j'ai pris ce pied entre mes mains, la jambe courte a grandi de cette même dimension. La femme a alors sorti de son sac en papier une paire de chaussures aux talons tout à fait normaux. Elles lui allaient parfaitement.

J'ai finalement décidé que le nom biblique qui correspondait à ce don était "opérations de miracles (puissance)".

A peu près dans les mêmes moments, Dieu me conduisit dans ce que j'ai réalisé être une application différente du même don. Il commença à m'utiliser dans la délivrance publique d'esprits mauvais. A nouveau, il y eut ceux qui s'opposèrent au bruit et aux manifestations désordonnées accompagnant souvent ce ministère. J'ai cependant observé que dans les évangiles, des manifestations similaires accompagnaient souvent le ministère de Jésus, aussi je me suis décidé à continuer. Durant les années qui ont suivi, j'ai vu des milliers de gens merveilleusement délivrés de la puissance satanique.

Si nous désirons voir les dons spirituels opérer librement, nous avons parfois besoin de nous libérer des idées traditionnelles indiquant comment nous comporter "dans l'église".

Une autre clé importante pour exercer les dons spirituels est de cultiver la sensibilité envers le Saint-Esprit et de lui permettre de se mouvoir comme et quand il le veut. Un jour, Ruth et moi étions en train de déjeuner avec un couple chrétien, l'épouse expliqua qu'elle avait un problème d'ordre génétique, médicalement reconnu, qui ne lui permettait pas d'assimiler certains acides aminés. Son cerveau se détériorait progressivement.

Le mari, qui avait un autre rendez-vous, nous a quitté et nous avons reconduit sa femme en marchant jusqu'à leur appartement. Nous nous sommes arrêtés sur le parking pour nous dire au revoir. Encouragée par l'Esprit, Ruth lui a dit: "Permettez-moi de prier pour vous", puis, nous nous sommes quittés.

Environ trois semaines plus tard, le mari nous a appelé pour nous dire que sa femme était complètement guérie. Ce qui fut par la suite confirmé par l'hôpital qui avait diagnostiqué sa maladie.

Dieu avait un endroit et un moment précis pour transmettre sa guérison. Comme Ruth avait obéi à l'inspiration du Saint-Esprit, la guérison était venue et Dieu était glorifié.

## LES LIMITES DES DONS SPIRITUELS

Je me sens comme transporté par un enthousiasme familier alors que je repense à certaines manières dont j'ai vu les dons spirituels se manifester. Cependant, il est important de réaliser en même temps que nous devons nous attendre à des limites bien précises quant à ces dons.

Tous d'abord, ils sont limités à cette vie présente. En parlant des dons de prophétie, des langues et des paroles de connaissance, Paul dit: " Or y a-t-il des prophéties? elles auront leur fin. Y a -t-il des langues? elles cesseront. Y a -t-il de la connaissance? elle aura sa fin. Car nous connaissons en partie, et nous prophétisons en partie; mais quand ce qui est parfait sera venu, ce qui est en partie aura sa fin"[2].

Nous vivons toujours à l'époque "imparfaite", mais quand nous serons passé hors du temps dans l'éternité, et que nous aurons revêtu nos corps glorifiés, nous n'aurons plus besoin des bénédictions partielles qui nous viennent à travers les langues, une parole de prophétie

---

[2]1 Cor.8-10, Darby

ou de connaissance. La même chose s'applique aux autres dons tel que celui des guérisons ou des miracles. Nos corps glorifiés n'en auront pas besoin!

Quand les gens se préoccupent à l'excès des dons spirituels, cela peut indiquer qu'ils sont plus concernés par les choses passagères que celles qui sont éternelles. De telles personnes ont besoin d'écouter l'avertissement de Paul: "Si, pour cette vie seulement, nous avons espérance en Christ, nous sommes plus misérables que tous les hommes". [3]

Plus important encore, le fait d'exercer les dons spirituels ne garantit nullement le caractère d'une personne. Permettez-moi d'illustrer cela avec un exemple plutôt simple. Imaginons qu'un homme paresseux, fourbe et prétentieux reçoive un don - absolument pas mérité - d'un million de dollars. Son caractère ne sera absolument pas changé, il restera paresseux, fourbe et prétentieux. En fait, il sera même encore plus rempli de suffisance, à cause du million de dollars qu'il a maintenant à la banque!

Cela s'applique pareillement à une personne qui reçoit un don spirituel spectaculaire, qu'il soit de prophétie, de guérisons ou de miracles. Si cette personne était faible et instable auparavant, elle restera tout autant faible et instable après. Mais ce nouveau don lui acquerra une plus grande influence auprès des gens et il lui incombera la responsabilité supplémentaire de l'exercer d'une façon

---

[3] 1 Cor. 15:19, Darby

droite et agréable à Dieu.

Un des plus grands problèmes rencontrés dans le mouvement charismatique est que les gens ont tendance à évaluer ceux qui ont un ministère plus par leurs dons que par leur caractère. L'expérience a pourtant démontré de façon répétée qu'il est possible que quelqu'un exerce des dons de façon spectaculaire et impressionnante tout en ayant cependant de grosses lacunes de caractère. Il arrive même qu'une telle personne utilise ses dons pour masquer les imperfections de son caractère.

Un prédicateur scandinave prêchait sur la "dernière pluie" du Saint-Esprit avec une telle puissance que les gens de sa congrégation sentaient le Saint-Esprit tomber sur eux sous forme de gouttes de pluie. Pourtant, il sortait directement de ces réunions pour commettre l'adultère. Quand cela a été révélé, les gens ne voulaient pas croire qu'un homme prêchant d'une telle façon puisse commettre un tel péché - jusqu'à ce qu'il l'admette lui-même.
En tant que jeune prédicateur, j'admirais grandement un homme plus âgé qui avait un ministère de miracles absolument fantastique. Il enseignait aussi avec force qu'il est possible pour un chrétien de vivre sans jamais pécher. Pourtant, il divorça de sa femme, épousa ensuite sa secrétaire et mourut alcoolique. D'autres prédicateurs bien connus et à succès ont expérimenté des tragédies personnelles similaires.

Quand les gens font face à de tels cas, beaucoup disent: "Pour sûr, si quelqu'un n'utilisait pas correctement l'un de ces dons, Dieu le lui reprendrait!".

Pourtant, la réponse est Non! Les dons de l'Esprit sont exactement ce que leur nom implique - des dons véritables, pas des prêts selon certaines conditions ou un plan de remboursement. "Car les dons et l'appel de Dieu sont irrévocables"[4].

Quand nous avons reçu l'un de ces dons, nous sommes libres de l'utiliser, de mal l'utiliser ou simplement de ne pas l'utiliser du tout. Cependant, Dieu nous demandera finalement des comptes sur ce que nous avons fait, ou pas fait.

Nous devons toujours garder à l'esprit l'avertissement de Jésus: "C'est donc **à leurs fruits** que vous les reconnaîtrez"[5]. - pas par leurs dons.

Jésus a continué, toujours par des paroles d'avertissement très claires, montrant que l'exercice des dons spirituels n'est pas un passeport pour le ciel. "Ceux qui me disent: Seigneur, Seigneur! n'entreront pas tous dans le royaume des cieux, mais celui-là seul qui fait la volonté de mon Père qui est dans les cieux. Plusieurs me diront en ce jour-là: Seigneur, Seigneur, n'avons-nous pas prophétisé par ton nom? n'avons-nous pas chassé des démons par ton nom? et n'avons-nous pas fait beaucoup de miracles par ton nom? Alors je leur dirai ouvertement: Je ne vous ai jamais connus, retirez-vous

---

[4] Rom. 11:29, Segond NEG
[5] Mat. 7:20, Segond

de moi, vous qui commettez l'iniquité"[6].

Cela indique clairement qu'il est possible pour une personne d'exercer des dons spirituels et de "commettre l'iniquité" en même temps. Qu'est-ce que "l'iniquité"? C'est prétendre de façon arrogante que ceux qui exercent des dons surnaturels sont au-dessus des lois morales et normes éthiques divines.

Bien évidemment, il est possible que nous soyons confrontés parfois à de tels ministères et à la nécessité de prendre des décisions personnelles difficiles. Comment devrions-nous réagir?

Tout d'abord, gardons en mémoire les écrits de Paul à Timothée: "...ne participe pas aux péchés d'autrui; garde-toi pur toi-même"[7].

Ensuite, nous devons aussi nous souvenir de l'avertissement donné par Jésus concernant de tels ministères immoraux: "Le ciel est pour ceux qui font la volonté de mon père qui est dans le ciel". Nous devons nous demander: quelle est la volonté de Dieu pour ma vie? Qu'est-ce que le Père attend de moi?

En ce qui me concerne, il me semble que Dieu m'a donné une réponse claire et simple: "Car c'est ici la volonté de Dieu, votre sainteté"[7]. Le Saint-Esprit a

---

[6] Mat. 7: 21-23, Segond
[7] 1Tim. 5:22, Darby
[7] 1 Thess. 4:3, Darby

ajouté un avertissement: "Recherchez la paix avec tous, et la sanctification, sans laquelle personne ne verra le Seigneur"[8]. Je suis déterminé à "poursuivre la sainteté".

\* \* \* \* \* \* \*

---

[8] Héb. 12:14, Segond

# LE FRUIT DE L'ESPRIT

Le sujet du dernier chapitre était les **dons** du Saint-Esprit. Celui de ce chapitre sera le **fruit** de l'Esprit.

Les dons et le fruit ne sont pas de la même nature. Voilà qui peut être illustré en comparant un sapin de Noël et un pommier.

Un sapin de Noël peut porter des cadeaux: il suffit d'un geste pour les y attacher comme pour les recevoir. La personne à qui est destiné le présent n'investit ni temps ni effort.

Par contre, il faut à la fois du temps et un dur labeur pour cultiver un pommier. Pour produire des fruits, l'arbre devra passer à travers une série d'étapes qui prendront plusieurs années.

Tout d'abord, la semence doit être mise en terre. Une racine sortira pour s'enfoncer dans le sol tandis que le germe poussera vers le haut et donnera un arbre après plusieurs années. En leur temps, des fleurs apparaîtront sur l'arbre, elles tomberont ensuite pour faire place aux fruits.

Si on veut que l'arbre devienne fort, les fleurs doivent être enlevées durant les premières années pour permettre aux racines de bien se développer et de supporter ainsi un arbre bien résistant. Il faudra attendre plusieurs années pour pouvoir manger les premières pommes (sous la loi de Moïse, il fallait au moins quatre ans)[9].

Durant certaines étapes de sa croissance, le pommier est très fragile. Des vents violents peuvent le déraciner et, plus tard, le gel peut détruire les fleurs ou même les fruits.

Pendant tout cette évolution, on ne peut séparer la semence du fruit: le fruit viendra de la semence mais il faut le fruit pour produire davantage de semences. Au début de la création, Dieu a ordonné que "des arbres donnent du fruit et aient en eux leur semence selon leur espèce"[10]

Un important principe spirituel en découle: les chrétiens qui n'ont pas de fruit dans leur propre vie n'ont pas non plus de semence à planter dans les autres vies.

Le Nouveau Testament parle des **dons** spirituels au pluriel. Les neuf dons sont cités dans 1 Corinthiens 12:8-10. Par contre, il est parlé du **fruit** spirituel au singulier. Les neuf aspects du fruit spirituel se retrouvent dans Galates 5:22-23: l'amour, la joie, la paix, la patience, la bonté, la bénignité, la fidélité, la douceur, la tempérance.

L'amour - la première forme du fruit - vient en premier. Ce qui suit peut être compris comme étant différentes façons par lesquelles le fruit de l'amour se manifeste.

---

[9] Lévitique 19:23-25
[10] Genèse 1:12

- La joie est l'amour qui se réjouit
- la paix est l'amour qui fait confiance
- la patience (ou endurance) est l'amour qui supporte
- la bonté est l'amour qui se fait le serviteur des autres
- la bénignité (bonté) est l'amour qui cherche le meilleur pour les autres
- la fidélité est l'amour qui garde ses promesses
- la douceur est l'amour qui panse les blessures des autres
- la tempérance est l'amour en contrôle.

Nous pourrions aussi décrire le fruit de l'Esprit comme étant différentes manières par lesquelles le caractère de Jésus se manifeste à travers ceux dans lesquels il demeure. Quand tous les aspects du fruit sont pleinement développés, c'est tout comme si Jésus lui-même était incarné dans son disciple.

## SEPT ETAPES POUR LE DEVELOPPEMENT SPIRITUEL

Dans 2 Pierre 1:5-7 l'apôtre cite sept étapes successives du développement du caractère chrétien pleinement formé.

"A cause de cela même, faites tous vos efforts pour joindre à votre foi la vertu, à la vertu la science, à la science la tempérance, à la tempérance la patience, à la patience la piété, à la piété l'amour fraternel, à l'amour fraternel la charité".

Pierre commence par nous avertir que, pour réussir ce

processus, il nous faudra faire **tous nos efforts**. Paul exprime la même chose d'une autre façon lorsqu'il écrit: "Il faut que le laboureur **travaille** avant de recueillir les fruits"[11]. Il ne peut y avoir de véritable réussite au développement du caractère chrétien s'il n'y a pas de sérieux efforts engagés, un réel travail.

Le mécanisme que Pierre décrit pourrait être comparé à celui par lequel un pépin de pomme se développe pour donner une pomme mûre. La semence est la parole de Dieu plantée dans le cœur. Cela produit la foi qui est le point de départ indispensable. Ensuite, à partir de la foi, il y a sept étapes successives de développement.

L'étape numéro un est exprimée par "vertu"[12] ou "excellence morale"[13].
En grec, ce mot s'appliquait autrefois à n'importe quel domaine de la vie - depuis la fabrication d'un vase d'argile jusqu'à diriger un bateau en passant par jouer de la flûte. Je crois qu'ici aussi, dans le Nouveau Testament, il ne faudrait pas l'utiliser seulement en ce qui concerne le caractère moral mais aussi chaque domaine de la vie.

Un enseignant qui devient chrétien se doit d'être un **excellent** enseignant. Une infirmière chrétienne devrait être une **excellente** infirmière. Un homme d'affaires qui se convertit devrait exceller dans sa branche particulière.

---

[11] 2 Timothée 2:6
[12] 2 Pierre 1:5
[13] 2 Pierre 1:5

Il n'y a pas de place pour le laisser-aller ou la paresse dans aucun domaine de la vie chrétienne. Dieu n'a pas pour habitude d'appeler quelqu'un qui ne réussit pas dans un appel séculier: "celui qui est injuste dans les moindres choses l'est aussi dans les grandes"[14].

L'étape numéro deux est la **science** (ou connaissance). Il y a bien sûr différentes sortes de connaissance. Celle qui est mise en valeur dans la Parole est avant tout d'ordre pratique et non théorique, elle produit des **résultats**. Pour moi qui avais étudié la philosophie spéculative avant de connaître Jésus-Christ, ce qui m'a le plus surpris au sujet de la Bible a été son caractère intensément pratique.

Le meilleur exemple est l'enseignement de Jésus lui-même. On ne pourrait le qualifier de "théologique" car Jésus n'a jamais avancé de théories abstraites et compliquées; son enseignement était basé sur des activités familières et concrètes comme ensemencer un champ, attraper du poisson ou s'occuper du bétail.

La connaissance la plus essentielle dans la vie chrétienne est celle de la volonté de Dieu telle qu'elle nous est révélée dans les Ecritures, ce qui exige une étude régulière et systématique de la Bible tout entière, quelque chose de très concret. "Toute Ecriture est inspirée de Dieu et utile pour enseigner, pour convaincre, pour corriger, pour instruire dans la justice afin que l'homme de Dieu soit accompli et propre à toute

---

[14] Luc 16:10

bonne œuvre"[15].

Je suis toujours stupéfait lorsque je découvre que de nombreux "chrétiens engagés" n'ont jamais lu la Bible entièrement; ces personnes mettent elles-mêmes des limites à leur développement spirituel.

Après la science vient la **tempérance** - ou savoir se discipliner[16] (certaines versions anglaises disent "un esprit de contrôle de soi" au lieu de "sagesse" dans ce dernier verset).
C'est ici qu'un chrétien doit prouver qu'il est un véritable **disciple** - c'est à dire soumis à une **discipline** - et non seulement quelqu'un qui appartient à une église.
Cette sorte de discipline doit être exercée dans tous les domaines essentiels de notre personnalité - nos émotions, attitudes, appétits, pensées. Elle doit contrôler non seulement nos actions mais - ce qui est encore plus important - nos réactions.

Si nous n'avons pas acquis cette qualité de discipline, nous ne pourrons pas progresser jusqu'à l'étape suivante - la **persévérance** (ou patience) - impliquant la capacité de surmonter les tests et les épreuves qui exposeront inévitablement tout domaine de notre personnalité n'ayant pas été discipliné et fortifié. Voilà qui met le doigt sur une des raisons principales pour lesquelles certains chrétiens ne progressent jamais au-delà d'un certain niveau: ils n'acquièrent jamais la tempérance et

---

[15] 2 Timothée 3:16-17
[16] 2 Timothée 1:7

l'endurance. Prenons comme exemple celui du pommier dont les fleurs sont emportées par le vent de l'adversité ou dont les jeunes fruits sont détruits par le gel du rejet.

## LES TROIS DERNIERES ETAPES

Dans les dernières étapes du développement, la beauté du véritable caractère chrétien se dévoile. La **piété** (ou ressemblance avec Dieu) est ce qui caractérise une vie centrée sur Dieu, une personne qui est devenue un récipient de la présence de Dieu. Là où une telle personne va, on trouvera une atmosphère remplie d'un parfum subtil mais unique et pénétrant. Même s'il n'y a aucune prédication ou activité spirituelle qui prend place, les gens deviennent étrangement conscients des valeurs éternelles.

L'évangéliste Smith Wigglesworth a, de son temps, relaté un incident qui illustre l'influence d'une personne pieuse sur une atmosphère non religieuse. Après un temps de prière, Smith prit sa place dans un wagon ferroviaire. Sans qu'il ait prononcé le moindre mot, l'homme qui était assis en face de lui - et qui ne le connaissait absolument pas - s'écria: "Votre présence me convainc de péché". Smith put alors le conduire à Jésus-Christ.

Les deux dernières étapes du développement décrivent deux sortes d'amours. La première - l'amour fraternel - décrit la qualité des relations que les croyants devraient avoir entre eux, c'est à dire avec leurs frères et sœurs dans la foi.

Quand j'ai commencé à méditer sur cette liste des sept

étapes du développement spirituel, j'ai été surpris que cet "amour fraternel" (ou "gentillesse fraternelle" en anglais) - que devraient avoir les chrétiens les uns pour les autres - arrive presque en fin de liste, mais j'ai ensuite réalisé combien la bible est réaliste. Elle ne nous présente pas une image sentimentale et religieuse de nos relations entre chrétiens. Permettez-moi de vous dire quelque chose qui pourra peut-être vous choquer mais qui est basé sur plus de cinquante années d'étroite association avec des chrétiens de toutes dénominations: **il n'est pas facile de s'aimer entre chrétiens**.

Cela est largement confirmé par deux mille ans d'histoire de l'Eglise. C'est à peine si un seul siècle s'est écoulé sans qu'il soit marqué par d'amères contentions et luttes - voire même une haine déclarée - entre des groupes rivaux chrétiens qui prétendent souvent appartenir tous à la "véritable Eglise".

La réalité est que lorsqu'une personne se repent de ses péchés et reçoit le salut en Jésus-Christ, cela ne signifie pas que son caractère se transforme instantanément. Certainement, un processus d'une importance vitale commence mais il se peut que plusieurs années soient nécessaires pour que la transformation se manifeste dans chaque domaine du caractère de la personne.

Quand David a eu besoin de pierres bien lisses pour sa fronde afin de tuer Goliath, il est descendu dans la vallée - l'endroit de l'humilité. Là, dans le lit du torrent, il a trouvé la sorte de cailloux qu'il cherchait[17]. Qu'est-ce

---

[17] 1 samuel 17:40

qui avait rendu ces pierres lisses? Deux sortes de pression: tout d'abord l'eau qui passait sur elles et ensuite le fait qu'elles se frottaient constamment les unes aux autres.

Cela représente la formation du caractère chrétien. D'abord il y a ce constant passage purificateur de l'eau de la Parole[18], ensuite tandis que les pierres se frottent les unes aux autres dans les relations, les arrêtes vives de chacune sont peu à peu lissées jusqu'à ce devenir "lisses".

Permettez moi de vous faire remarquer que lorsque Jésus a besoin de "pierres vivantes" pour sa fronde, lui aussi descend dans la vallée - cet endroit de l'humilité. Il choisit alors des pierres qui sont devenues "lisses" par l'action de la parole de Dieu et par les pressions d'une communion fraternelle régulière.

Aimer sincèrement nos compagnons chrétiens est une marque de maturité spirituelle, les aimer pas seulement pour ce qu'ils sont en eux-mêmes, mais pour ce qu'ils valent aux yeux de Jésus qui a donné sa vie pour chacun d'eux.

L'étape finale du développement - la **charité** ou amour *agape* - représente le fruit mûr et complet du caractère chrétien.
C'est plus que nos relations avec d'autres chrétiens car c'est l'amour même de Dieu qui s'étend à ceux qui sont

---

[18] Ephésiens 5:26

ingrats et impies. C'est l'amour qui nous rend capable d'accomplir "Aimez vos ennemis, bénissez ceux qui vous maudissent, faites du bien à ceux qui vous haïssent, et priez pour ceux qui vous maltraitent et qui vous persécutent"[19].

C'est l'amour que Christ a démontré sur la croix lorsqu'il a prié pour ceux qui le crucifiaient: "pardonne-leur, car ils ne savent ce qu'ils font"[20]. C'est ce même amour qui a poussé Etienne à prier pour ceux qui le lapidaient: "Seigneur, ne leur impute pas ce péché!"[21].

C'est encore cet amour qui changea Paul le persécuteur en Paul le serviteur de Christ qui devint "tout à tous, afin d'en sauver de toute manière quelques-uns"[22].

En ce qui me concerne, quand je contemple l'image biblique du fruit de l'Esprit entièrement développé, je suis à la fois humilié et inspiré; humilié car il me reste encore beaucoup de chemin à faire, inspiré parce que j'ai aperçu quelque chose de plus beau que tout ce que ce monde peut offrir.

Je répète les paroles de Paul:

"je ne pense pas l'avoir saisi; mais je fais une chose: oubliant ce qui est en arrière et me portant vers ce qui est en avant, je cours vers le but, pour remporter le prix de la vocation céleste de Dieu en Jésus-Christ"[23].

* * * * * * *

---

[19] Mathieu 5:44
[20] Luc 23:34
[21] Actes 7:60
[22] 1 Corinthiens 9:22
[23] Philippiens 3:13-14

# Vous pouvez devenir membre de notre Association

## *"Derek Prince Ministries France"*

☑ pour une cotisation de 24 € par an.

## *Vous recevrez:*

☞ une réduction de 5 % sur tous vos achats,

☞ en plus des lettres d'enseignement, des articles de *Derek Prince* quatre fois par an, gratuitement,

☞ la lettre de nouvelles de "Derek Prince Ministries France",

☞ en avant première, vous serez tenu au courant de toutes les nouvelles parutions.

**En plus, vous soutiendrez notre œuvre missionnaire dans les pays francophones en dehors de l'Europe!**

*Pour toute information:*

---

**DEREK PRINCE** MINISTRIES FRANCE
Route d'Oupia, B.P.31, 34210 Olonzac FRANCE
tél. (33) 04 68 91 38 72 fax (33) 04 68 91 38 63
E-mail info@derekprince.fr * www.derekprince.fr

---

www.ingramcontent.com/pod-product-compliance
Lightning Source LLC
Chambersburg PA
CBHW060715030426
42337CB00017B/2880